I0441757

# LA FRAUDE PRÉSIDENTIELLE

# FRANTZ GRAVA

# LA FRAUDE PRÉSIDENTIELLE

TRÉSOR CARAÏBE

# SOMMAIRE

# ANNEXES

# INTRODUCTION

En l'an 2016, l'ex-Président de la République française s'agitait comme un vrai petit diable, dans l'espoir de reconquérir son trône, bien décidé à se venger du Conseil constitutionnel et des Juges.

En effet, après l'élection présidentielle de 2012, pour la première fois dans l'histoire de la 5ème République, suivant la décision de la CNCCFP[1], le Conseil constitutionnel avait rejeté le compte de campagne d'un ex-Président de la République, et l'avait condamné à reverser au Trésor public l'avance forfaitaire de 153000€, à verser une pénalité de 363615€ pour dépassement du plafond des dépenses autorisées, et au non-remboursement de 11 millions d'euros, correspondant à 47,5% de ses dépenses de campagne, qui devaient normalement être prises en charge par l'Etat[2].

Mais, les Sages n'avaient pas pu déclarer l'ex-Président inéligible. Alors que, s'il s'agissait d'un candidat à l'élection législative, ils l'auraient déclaré inéligible.

---

[1] CNCCFP - Commission Nationale des Comptes de Campagnes et des Financements Politiques
[2] Annexe 1 : Décision du Conseil Constitutionnel : Rejet du compte de campagne de l'ex-Président de la République

En vue de la Présidentielle de 2017, il était donc impératif, de faire voter une loi donnant au Conseil constitutionnel le droit de déclarer inéligible, tout candidat à l'élection présidentielle, sanctionné pour fraude.

# 1 – LES SEULS CANDIDATS AU-DESSUS DE LA LOI

Lors de mes recherches pour mon livre « *Le Président de la République* », j'avais décortiqué les étapes qu'un citoyen devait franchir pour être candidat à l'élection présidentielle, et j'avais tenté de rendre cette procédure complexe, accessible au plus grand nombre.

Cependant, à ma grande surprise, j'avais aussi découvert que les candidat-e-s à l'élection présidentielle étaient les seuls qui n'encouraient aucune sanction d'inéligibilité, en cas de fraude ou d'irrégularités constatées dans leur compte de campagne ; contrairement aux candidat-e-s aux élections législatives, européennes, régionales, départementales, municipales, des collectivités territoriales à statut particulier, tous soumis aux articles L. 118-3, L. 118-4 ou LO 136-1, LO 136-3 du code électoral[3].

**Que disent ces articles ?**

Ils disent en substance : « *Le Conseil constitutionnel ou le Juge de l'élection prononce l'inéligibilité du candidat dont le compte de campagne a été rejeté à bon droit en cas de*

---

[3] Annexe 2 : Articles L. 118-3, L. 118-4 et LO 136-1, LO 136-3 du code électoral

*volonté de fraude ou de manquement d'une particulière gravité aux règles relatives au financement des campagnes électorales.*

*L'inéligibilité est prononcée pour une durée maximale de trois ans et s'applique à toutes les élections. Toutefois, elle n'a pas d'effet sur les mandats acquis antérieurement à la date de la décision.*

*Lorsque le Conseil constitutionnel ou le Juge de l'élection a déclaré inéligible un candidat proclamé élu, il annule son élection ou, si l'élection n'a pas été contestée, le déclare démissionnaire d'office »*

J'avais rédigé un avant-projet de loi à travers lequel je visais **un but :**

Permettre à la France d'étendre aux candidats à l'élection présidentielle, la même loi d'inéligibilité, applicable aux candidats à toutes les autres élections, en cas de fraude ou d'irrégularités constatées dans leur compte de campagne par la CNCCFP et le Conseil constitutionnel ou par le Juge administratif.

J'avais fixé **3 objectifs** que ce projet de loi devait atteindre :

**Objectif 1** : Donner au Conseil constitutionnel, le droit de déclarer inéligible, un(e) candidat(e) à l'élection présidentielle, sanctionné(e) pour fraude ou irrégularités constatées dans son compte de campagne.

**Objectif 2** : Donner au Conseil constitutionnel le droit de déclarer inéligible ou démissionnaire d'office et d'annuler l'élection d'un(e) candidat(e) proclamé(e) élu(e) Président(e) de la République, sanctionné(e) pour fraude ou irrégularités constatées dans son compte de campagne.

**Objectif 3** : Permettre aux Français de bénéficier de nouvelle élection pour élire un nouveau Président de la République, en remplacement d'un Président démissionnaire pour fraude ou irrégularités constatées dans son compte de campagne.

Enfin, j'avais dégagé que ce projet de loi devait avoir pour **finalité** :

Donner à tout Français sans distinction d'origine, de race, de sexe, de religion, d'opinion politique, de niveau social ou de toute autre situation, qui réclame le respect ou qui dénonce une violation de la Constitution ou de la Déclaration des droits de l'homme, le droit d'être nommé à toutes dignités, fonctions ou emplois publics.

Toutefois, bien que la nécessité de ce projet de loi dans l'intérêt général, dans l'intérêt de la France était une question de bon sens pour tous, l'Histoire de France nous a démontré à maintes reprises, que le respect des valeurs de la

République, le respect des principes de la Démocratie passaient toujours par un combat contre ceux qui portaient le masque de protecteur de la Nation, mais qui étaient en vérité ses pires ennemis.

# 2 - LA MÊME LOI POUR TOUS LES CANDIDATS

En me référant à la Constitution et au Code électoral, j'avais d'abord tracé les grandes lignes de ce projet de loi, et j'avais rédigé un document intitulé : *« Projet de réforme portant sur l'inéligibilité d'un candidat à l'élection présidentielle, en cas d'irrégularités constatées dans son compte de campagne... »*, lequel j'avais adressé à l'ex-Premier ministre, le 20 octobre 2014, avec une relance le 20 décembre 2014.

Puis, un an après, soit le 05 janvier 2016, je lui avais envoyé une lettre ouverte et un document plus précis intitulé : *« Avant-projet de loi portant sur l'inéligibilité d'un candidat à l'élection présidentielle, en cas de fraude ou d'irrégularités constatées dans son compte de campagne »*, pour lequel je sollicitais un emploi sous son autorité.

J'avais rappelé à certains de ses conseillers, qui auraient été tentés de faire barrage à ce projet de loi, ce que dit la Constitution en l'article 6 de la Déclaration des droits de l'homme : *« La loi est l'expression de la volonté générale. Tous les citoyens ont droit de concourir* **personnellement**, *ou par leurs représentants à sa formation... »*

J'étais persuadé que l'ex-Premier ministre, qui avait montré une grande fermeté pour défendre la démocratie française après les attentats terroristes, allait tout mettre en œuvre pour permettre à tout Français de porter sa contribution au respect des principes de la démocratie.

Pourquoi avais-je adressé cet avant-projet de loi à l'ex-Premier ministre en particulier ?

Cette démarche venait du fait que la Constitution donne au Premier ministre l'initiative des lois (Art. 39) et au Gouvernement, dont il en était le Chef, la convocation des électeurs à l'élection présidentielle (Art. 7).

## Quel était le contenu de cet avant-projet de loi ?

Avant tout, je me dois de vous préciser, l'élection présidentielle est régie par les articles 6, 7 et 58 de la Constitution[4], et par principalement la loi n°62-1292 du 6 novembre 1962 relative à l'élection du Président de la République au suffrage universel[5], laquelle loi renvoie à certains articles du code électoral.

L'avant-projet de loi que j'avais adressé à l'ex-Premier ministre, se décomposait en 4 articles visant à modifier la loi relative à l'élection du

[4] Annexe 3 : Articles 6, 7 et 58 de la Constitution
[5] Annexe 4 : Loi n°62-1292 du 6 novembre 1962

Président de la République, en son article 3 paragraphes II et III.

**1.** Le $1^{er}$ article traitait des conditions d'inéligibilités. Il visait à faire figurer dans cette loi, l'article 128 du code électoral se rapportant aux conditions d'inéligibilités des candidats à l'élection présidentielle, en complément des articles L. 45, LO 127, L. 199, L. 200, L. 203 du code électoral y figurant déjà. L'article LO 128 dit :

« Ne peuvent pas faire acte de candidature :
1° Pendant une durée maximale de trois ans suivant la date de sa décision, les personnes déclarées inéligibles par le juge administratif en application des articles L. 118-3 et L. 118-4 ;
2° Pendant une durée maximale de trois ans suivant la date de sa décision, les personnes déclarées inéligibles par le Conseil constitutionnel en application des articles LO 136-1 et LO 136-3 ;
3° Pendant un an suivant la date de sa décision, les personnes déclarées inéligibles par le Conseil constitutionnel en application de l'article LO 136-2 ».

**Je l'avais rédigé de la manière suivante :**

**Article $1^{er}$ : « Le $1^{er}$ alinéa de l'article 3 paragraphe II de la loi n°62-1292 du 6 novembre 1962 relative à l'élection du Président de la République au suffrage universel, est ainsi modifié :**

**a) Après la référence « LO 127 », il est inséré la référence « LO 128 »,**

**2.** Le 2^ème article se rapportait à la proclamation des résultats. Il tendait à prendre en considération lors du communiqué du Conseil constitutionnel proclamant élu Président de la République, le candidat ou la candidate ayant obtenu le plus grand nombre des suffrages exprimés, l'éventuel rejet de son compte de campagne par la CNCCFP et le Conseil constitutionnel.

**Je l'avais rédigé de la manière suivante :**

**Article 2 : « L'article 3 paragraphe III de la loi n°62-1292 du 6 novembre 1962 relative à l'élection du Président de la République au suffrage universel, est ainsi modifié :**

**3. Après le 2^ème alinéa, il est inséré « Le Conseil constitutionnel précise dans son communiqué de proclamation des résultats : « Le candidat ou la candidate est proclamé(e) élu(e) à l'élection présidentielle, sous réserve de l'approbation définitive de son compte de campagne par la Commission Nationale des Comptes de Campagnes et des Financements Politiques et par le Conseil constitutionnel, en cas de recours, en application de l'article 3 paragraphe II alinéa 5 et du paragraphe III alinéa 3 »**

**4.** Le 3<sup>ème</sup> article se rapportait à la déclaration de l'inéligibilité et à l'annulation de l'élection. Il visait à rétablir le principe républicain de l'égalité devant la loi, le principe juridique de la non-discrimination dans la loi relative à l'élection du Président de la République. Il donnait droit au Conseil constitutionnel, en sa qualité de garant de la régularité de l'élection présidentielle (Art. 58 de la Constitution et Art. 3 paragraphe III alinéa 1 de la loi du 6 novembre 1962) :

❖ De déclarer inéligible un candidat ou une candidate à l'élection présidentielle, sanctionné(e) pour fraude ou irrégularités constatées dans son compte de campagne,

❖ De déclarer inéligible ou démissionnaire d'office et d'annuler l'élection d'un candidat ou d'une candidate proclamé(e) élu(e) Président(e) de la République, sanctionné(e) pour fraude ou irrégularités constatées dans son compte de campagne.

Au même titre que le Conseil constitutionnel avait le droit de déclarer inéligible les candidats aux élections législatives, de déclarer démissionnaire d'office et d'annuler l'élection des candidats proclamés élus Député national, Député européen ou Député des Français de l'étranger, et le Juge administratif pour sa part avait le droit de déclarer inéligible les candidats à toutes les autres élections, de déclarer démissionnaire d'office et d'annuler l'élection des candidats élus Président du Conseil régional, Président de Collectivité territoriale à statut particulier, Conseiller départemental, Maires, sanctionnés pour fraude ou irrégularités constatées dans leur compte de campagne (Article L.118-3, L.118-4, LO 136-1, LO 136-3)

**Je l'avais rédigé de la manière suivante :**

**Article 3 :** « **Le 1er alinéa de l'article 3 paragraphe II de la loi n°62-1292 du 6 novembre 1962 relative à l'élection du Président de la République au suffrage universel, est ainsi modifié :**

**a)   Après la référence « LO 127 », il est inséré les références « LO 136-1, LO 136-3 »**

**5.**   Enfin, le 4ème article se rapportait au remplacement du Président démissionnaire et à l'élection d'un nouveau Président de la République. Il visait à remplacer le Président démissionnaire pour fraude ou irrégularités constatées dans son compte de campagne par le Président du Sénat ou par le Gouvernement, et à organiser de nouvelle élection pour élire un nouveau Président dans les conditions prévues par la Constitution.

**Je l'avais rédigé de la manière suivante :**

Article 4 : « L'article 3 de la loi n°62-1292 du 6 novembre 1962 relative à l'élection du Président de la République au suffrage universel, est ainsi modifié, il est inséré un paragraphe III bis :

a) Alinéa 1 : « Lorsque le Conseil constitutionnel a annulé l'élection d'un candidat ou d'une candidate proclamé(e) élu(e) Président(e) de la République, sanctionné(e) pour fraude ou irrégularités constatés dans son compte de campagne, déclaré(e) inéligible ou, si l'élection n'a pas été contestée, l'a déclaré(e) démissionnaire d'office, il est remplacé par le Président du Sénat ou par le Gouvernement dans les conditions fixées par l'article 7 alinéa 4 de la Constitution : « *En cas de vacance de la Présidence de la République pour quelque cause que ce soit, ou d'empêchement constaté par le Conseil constitutionnel saisi par le Gouvernement et statuant à la majorité absolue de ses membres, les fonctions du Président de la République, à l'exception de celles prévues aux articles 11 et 12 ci-dessous, sont provisoirement exercées par le Président du Sénat et, si celui-ci est à son tour empêché d'exercer ces fonctions, par le Gouvernement* »

b) Alinéa 2 : « L'élection du nouveau Président de la République en remplacement du Président(e) démissionnaire pour fraude ou irrégularités constatés dans son compte de campagne, a lieu dans les conditions fixées par l'article 7 alinéa 5 de la Constitution : *« En cas de vacance ou lorsque l'empêchement est déclaré définitif par le Conseil constitutionnel, le scrutin pour l'élection du nouveau Président a lieu, sauf cas de force majeure constaté par le Conseil constitutionnel, vingt jours au moins et trente-cinq jours au plus après l'ouverture de la vacance ou la déclaration du caractère définitif de l'empêchement »*

Avec un tel avant-projet de loi, j'étais persuadé, que l'ex-Premier ministre m'aurait permis de travailler sous son autorité.

De plus, dans une France minée par le chômage avec plus de cinq millions de demandeurs d'emploi, où l'ex-Premier ministre avait déclaré : *« L'emploi est la priorité de mon Gouvernement »*, en me chargeant de travailler sur ledit projet de loi, l'ex-chef du gouvernement aurait montré aux Français qu'il donnait l'exemple, en favorisant l'égal accès aux emplois publics, à tout Français qui portait un projet dans l'intérêt du bien commun, conformément à la Constitution, qui dit en l'article 6 de la Déclaration des droits de l'Homme : *« ...Tous les citoyens étant égaux à ses yeux (aux yeux de la Loi) sont également admissibles à toutes dignités, places et emplois publics, selon leur capacité, sans aucune distinction que celles de leurs vertus et de leurs talents »*

Mais, même-si « *cette réclamation simple et incontestable tournait au maintien de la Constitution et au bonheur de tous »*, comme le dit la Constitution dans le préambule de la Déclaration des droits de l'homme, il n'était pas dit que l'ex-Premier ministre, dont je voulais encore croire en sa sincérité pour faire respecter les valeurs de la République, m'aurait donnée l'opportunité de faire aboutir ce projet de loi.

Aussi, dans cette hypothèse, lui avais-je exposé les arguments juridiques et politiques qui faisaient de la présidentielle 2017, une élection illégale et anticonstitutionnelle.

# 3 – PRÉSIDENTIELLE 2017, UNE ÉLECTION ILLÉGALE ET...

Bien que l'illégalité et l'inconstitutionnalité de l'élection présidentielle 2017 était une évidence, *« elle foisonne d'illégalité et d'inconstitutionnalité »* comme dirait Monnerville, mais malgré cette évidence, j'avais exposé à l'ex-Premier ministre les arguments juridiques et politiques suivants :

**Vu** qu'après l'élection présidentielle du 06 mai 2012, pour la première fois dans l'histoire de la 5ème République, suivant la décision de la Commission Nationale des Comptes de Campagne et des Financements Politiques du 19 décembre 2012, le Conseil constitutionnel dans sa décision du 04 juillet 2013 a rejeté le compte de campagne d'un ex-Président de la République, et l'a condamné à reverser au Trésor public l'avance forfaitaire de 153000€, à verser une pénalité de 363615€ pour dépassement du plafond des dépenses autorisées, et au non-remboursement de 11 millions d'euros correspondant à 47,5% de ses dépenses de campagne, qui devaient normalement être prises en charge par l'Etat, sans pouvoir déclarer l'ex-Président inéligible.

**Vu** la Constitution du 4 octobre 1958, notamment en son article premier qui stipule : *« La France est une République indivisible, laïque, démocratique et sociale. Elle assure* *l'égalité devant la loi de tous les citoyens sans distinction d'origine, de race ou de religion... »,* et en l'article 6 de la Déclaration des droits de l'homme qui stipule : « *...Elle (la loi) doit-être la même pour tous soit qu'elle protège soit qu'elle punisse »,*

**Vu** la Constitution, notamment en l'article 7 alinéas 4 et 5 relatifs au remplacement d'un Président démissionnaire par le Président du Sénat ou par le Gouvernement, et à l'organisation de nouvelle élection pour élire un nouveau Président de la République,

**Vu** la Constitution, notamment en l'article 58 faisant du Conseil constitutionnel le garant de la régularité de l'élection du Président de la République,

**Vu** la loi n°62-1292 du 6 novembre 1962 relative à l'élection du Président de la République au suffrage universel,

**Vu** les articles L. 118-3, L. 118-4, LO 136-1, LO 136-3 du code électoral se rapportant aux sanctions d'inéligibilité encourues par les candidats aux élections législatives, européennes, régionales, départementales, municipales, des collectivités territoriales à statut particulier, en cas de fraude ou d'irrégularités constatées dans leur compte de campagne,

**Vu** l'avant-projet de loi de Frantz Grava donnant au Conseil constitutionnel le droit de déclarer inéligible, un candidat à l'élection présidentielle, sanctionné pour fraude ou irrégularités, constatées dans son compte de campagne.

**Considérant que** la non-inscription des articles LO 136-1 et LO 136-3 du code électoral dans la loi relative à l'élection du Président de la République, interdisant de fait au Conseil constitutionnel de déclarer inéligible tout candidat à l'élection présidentielle, sanctionné pour fraude ou irrégularités constatées dans son compte de campagne, interdisant de fait au Conseil constitutionnel de déclarer inéligible ou démissionnaire d'office et d'annuler l'élection d'un candidat proclamé élu Président de la République, sanctionné pour fraude ou irrégularités constatées dans son compte de campagne, est **illégale et anticonstitutionnelle.**

Puisque le Conseil constitutionnel a le droit de déclarer inéligible les candidats aux élections législatives, a le droit de déclarer inéligible ou démissionnaire d'office et d'annuler l'élection des candidats proclamés élus Député national, Député européen ou Député des Français de l'étranger, et le Juge administratif pour sa part a droit de déclarer inéligible les candidats aux élections régionales, départementales, municipales, des collectivités territoriales à statut particulier, a le droit de déclarer inéligible ou démissionnaire d'office et d'annuler l'élection des candidats élus Président du Conseil régional, Président de Collectivité territoriale à statut particulier, Conseiller départemental, Maire, sanctionnés pour fraude ou irrégularités constatées dans leur compte de campagne.

**Considérant** que la non-inscription des articles LO 136-1 et LO 136-3 du code électoral dans la loi relative à l'élection du Président de la République, privant de fait les Français de leur droit de bénéficier de nouvelle élection pour élire un nouveau Président de la République, en remplacement d'un candidat proclamé élu Président de la République, sanctionné par la CNCCFP et le Conseil constitutionnel pour fraude ou irrégularités constatées dans son compte de campagne, **est illégale et anticonstitutionnelle.**

Puisque la Constitution en son article 7 prévoit le remplacement d'un Président de la République démissionnaire par le Président du Sénat ou par le Gouvernement et l'organisation de nouvelle élection pour élire un nouveau Président de la République.

**Considérant** que la non-inscription des articles LO 136-1 et LO 136-3 du Code électoral dans la loi relative à l'élection du Président de la République, donnant droit de fait à tout candidat proclamé élu Président de la République, sanctionné pour fraude ou irrégularités constatées dans son compte de campagne, d'accomplir les 5 ans de sa mandature à son terme, jusqu'à la prochaine élection présidentielle, avec un droit de recours à la force publique contre les éventuelles manifestations des Français pour demander sa démission, **est illégale et anticonstitutionnelle.**

**Considérant** que l'avant-projet de loi de Frantz Grava visant à modifier la loi n°62-1292 du 6 novembre 1962 relative à l'élection du Président de la République au suffrage universel en son article 3 paragraphes II et III, en vue d'étendre aux candidats à l'élection présidentielle les mêmes sanctions d'inéligibilités que pour les candidats à toutes les autres élections, et des candidats aux élections législatives en particulier, **respecte la Constitution et le Code électoral.**

**Par conséquent, par son ignorance, son oubli ou son mépris des sanctions d'inéligibilité, pour tout candidat sanctionné pour fraude ou irrégularités par la CNCCFP ou par le Conseil constitutionnel, la loi n°62-1292 du 6 novembre 1962 relative à l'élection du Président de la République au suffrage universel viole la Constitution, la Loi Suprême**, notamment son article premier, lequel garantie l'égalité de tous les citoyens devant la loi, l'article 6 de la Déclaration des droits de l'homme, lequel proclame la même loi pour tous, son article 7 alinéas 4 et 5, lesquels prévoient le remplacement d'un Président démissionnaire par le Président du Sénat ou par le Gouvernement, et l'organisation de nouvelle élection pour permettre aux Français d'élire un nouveau Président de la République.

**La loi n°62-1292 du 6 novembre 1962 relative à l'élection du Président de la République au suffrage universel est donc illégale et anticonstitutionnelle, et ipso facto l'élection présidentielle devient elle aussi illégale et anticonstitutionnelle.**

Comme vous pouvez le constater, je m'étais efforcé de donner à l'ex-Premier ministre des arguments juridiques et politiques pour le convaincre de modifier la loi relative à l'élection du Président de la République au suffrage universel. Et pourtant...

# 4 – LE CADEAU AUX CANDIDATS À LA PRÉSIDENTIELLE

Et pourtant, par son silence, l'ex-Premier ministre avait décidé de ne pas donner au Conseil constitutionnel le droit de déclarer inéligible un candidat à l'élection présidentielle, de ne pas donner au Conseil constitutionnel le droit de déclarer inéligible ou démissionnaire d'office et d'annuler l'élection d'un candidat proclamé élu Président de la République, sanctionné pour fraude ou irrégularités constatées dans son compte de campagne, de ne pas donner aux Français et aux Françaises le droit d'élire en 2017 un Président de la République, avec une loi, qui respecte la Constitution française, symbole des valeurs de la France, de la République et de la Démocratie.

Alors que l'ex-Premier ministre savait pertinemment que l'ex-Président, certain qu'il allait être réélu et retrouver ainsi son immunité, avait sciemment fait exploser le plafond de ses dépenses électorales, s'appuyant sur l'article 67 de la Constitution qui disait : « ...*Il (Le Président de la République) ne peut, durant son mandat et devant aucune juridiction ou autorité administrative française, être requis de témoigner non plus que faire l'objet d'une action, d'un acte d'information, d'instruction ou de poursuite. Tout délai de prescription ou de forclusion est suspendu...* »

Par cette violation de la Constitution et des principes de la Démocratie, l'ex-Premier ministre envoyait un message clair à l'ex-Président de la République, mais aussi à tous les autres candidats à l'élection présidentielle de 2017, en leur annonçant que même en cas de nouvelles sanctions pour fraude par la CNCCFP et par le Conseil constitutionnel, qu'ils conserveraient leur droit de se présenter à n'importe quelle autre élection, d'être nommés dans n'importe quelle fonction ou emploi public, et celui qui sera proclamé élu Président de la République, pourra effectuer les 5 ans de sa mandature, jusqu'à la prochaine élection présidentielle, et faire ainsi un bras d'honneur aux membres du Conseil constitutionnel et aux Juges.

C'est là, un véritable **droit à fraude présidentielle** que l'ex-Premier ministre faisait cadeau aux candidats à la présidentielle.

Il était maintenant clair que l'ex-Premier ministre avait refusé de me nommer dans une fonction ministérielle pour m'empêcher de donner au Conseil constitutionnel le droit de veiller pleinement à la régularité de l'élection du Président de la République, pour m'empêcher de rétablir le principe de l'égalité de tous les candidats devant loi, pour m'empêcher de donner aux Français et aux Françaises le droit de bénéficier de nouvelle élection pour élire un nouveau Président de la République, en remplacement d'un Président démissionnaire pour fraude ou irrégularités constatées dans son compte de campagne.

Les politologues avaient démontré, à chaque fois que des gouvernements français avaient imposé aux Français leurs lois illégales et inconstitutionnelles, leur stratégie s'était déroulée en 4 phases. **Les stratagèmes que l'ex-Premier ministre pouvait employer pour cacher aux Français une loi, qui maquillait une violation de la Constitution, étaient donc prévisibles.**

Première phase : **L'ignorance et le silence.** Il était prévisible que l'ex-Premier ministre allait tout mettre en œuvre pour ignorer et garder le silence sur une modification de la loi relative à l'élection du Président de la République. Se disant que les Français et les Françaises ne sauront jamais, qu'il les avait appelés à voter avec une loi, qui maquillait un droit à la fraude présidentielle, et si par mégarde, ils venaient à découvrir ce détournement de leur vote à l'occasion de l'élection présidentielle de 2017, et cette affaire serait portée devant la Cour de Justice de la République, il n'existait aucune loi permettant de condamner un ministre, qui commettait une faute grave dans l'exercice de ses fonctions, une « *forfaiture* » comme dirait Monnerville.

La deuxième phase : **La négation.** Il était aussi prévisible que l'ex-Premier ministre allait tenter de faire accepter aux membres du Conseil constitutionnel, même en cas de fraude, d'un candidat proclamé élu Président de la République, ils devaient faire prévaloir le vote des Français. En d'autres termes, l'ex-Premier ministre tenterait de rendre les membres du Conseil constitutionnel complices de cette manipulation de la démocratie.

J'avais donc envoyé une lettre au Président du Conseil constitutionnel lui demandant d'informer l'ex-Premier ministre, dans son avis sur le décret de convocation des électeurs et sur les actes préparatoires, l'intention du Conseil constitutionnel de veiller **pleinement** à la régularité de l'élection présidentielle 2017, conformément à la Constitution dans son article 58.

La troisième phase : **Le déplacement du problème sur un autre terrain.** Lorsque le Président de la République allait lui ordonner d'engager une modification de la loi relative à l'élection du Président de la République, il était prévisible que l'ex-Premier ministre allait tenter de remplacer la procédure de démission par une procédure de destitution. Pour ce faire, il allait s'appuyer sur le rapport de *la Commission de rénovation et de déontologie de la vie publique*. Alors que l'ex-Premier ministre savait pertinemment qu'une procédure de destitution devant le Parlement constitué en Haute Cour, contre un candidat proclamé élu Président de la République, sanctionné pour fraude, n'avait aucune chance d'aboutir, puisque la loi relative à l'élection du Président de la République, donnait elle-même un droit à la fraude présidentielle par défaut.

Pour bien montrer que la démission d'un Président de la République n'avait rien de catastrophique pour la démocratie, mais se cadrait à un bon fonctionnement des institutions de la République, j'avais soutenu auprès du Président de la République : « L'ex-Président du Sénat - **Alain Poher** (dont la Ville d'Ablon-sur-Seine, le Sénat et le Président de la République allaient rendre hommage en décembre 2016, à l'occasion du 20$^{ème}$ anniversaire de sa mort), avait assuré à deux reprises la fonction de Président de la République. La première fois du 28 avril au 19 juin 1969, suite à la démission du Président Charles de Gaulle, et la seconde fois du 02 avril au 19 mai 1974, suite au décès du Président Georges Pompidou »

Enfin, en quatrième et dernière phase : **L'épouvantail de la peur.** L'ex-Premier ministre qui savait que les Français ne se laisseraient plus tromper par les vieux slogans diabolisant l'Extrême droite Front National, pour soi-disant sauver la République en danger, avait commencé à exploiter la peur des attentats terroristes et la souffrance des familles endeuillées. L'ex-Premier ministre prophétisait de nouveaux attentats terroristes, et avait lancé sa propagande sur les médias avec son slogan

« *Nous sommes en guerre !* ». Il se portait en rempart contre ce qu'il avait qualifié de guerre contre le terrorisme, et en grand défenseur des Français, des Juifs et de la Démocratie. Mais, les Français et les Juifs étaient loin d'imaginer que l'ex-Premier ministre allait se livrer à une machination des plus odieuses.

# 5 – LES PROVOCATIONS À DES ACTES TERRORISTES

Dans un discours prononcé, à l'occasion de la Journée nationale des victimes et des héros de la déportation, le 24 avril 2016, l'ex-Premier ministre avait comparé les terroristes islamistes aux nazis, les accusant de vouloir commettre un nouveau génocide juif et de répandre *« une nouvelle idéologie du chaos »*, et je le cite :

*« La mémoire ne doit pas hésiter à regarder les maux du passé. Nous ne devons pas hésiter non plus face aux menaces du présent, car les entreprises de destruction de l'âme, d'asservissement de l'homme, de négation de l'humanité sont toujours à l'œuvre. Si la barbarie a changé de visage, ses intentions macabres n'ont quant à elles pas changé. Elles cherchent à humilier, à terroriser, à anéantir. Vous savez une nouvelle idéologie du chaos s'est répandu...Bien sûr, l'époque est différente. Bien sûr, les comparaisons historiques ont leurs limites. Mais, ne nous trompons pas, le combat qui fût livré hier contre l'infâme, nous devons le livrer aujourd'hui à notre tour »*

L'ex-Premier ministre était le premier et le seul représentant politique français à qualifier les Etats terroristes de Régime nazi. Le premier et le seul représentant politique français à voir dans les attentats un moyen pour les terroristes islamistes de répandre une *« nouvelle idéologie du chaos »*, expression que l'ex-Premier ministre était le premier et le seul à utiliser.

L'ex-Premier ministre savait pertinemment, que personne, ni aucun Etat au monde, terroriste ou pas, n'aurait accepté de se faire traiter de nazi, *« d'entreprise de destruction de l'âme, d'asservissement de l'homme, de négation de l'humanité »* par un chef de gouvernement français, alors que ***c'est un gouvernement français***, qui a trempé ses mains dans l'horreur du génocide juif, lors de la Seconde guerre mondiale en 1940, s'empressant de promulguer des lois antijuives, *« se montrant plus hitlérien que Hitler lui-même »* comme l'avait fait remarquer Gaston Monnerville – Défenseurs des Juifs et Président du Sénat français de 1958 à 1968.

***C'est un gouvernement français,*** qui a fait condamner, persécuter, torturer, assassiner des Résistants français, dont leur seul crime était de s'opposer à deux gouvernements racistes et antisémites : l'un français l'autre nazi.

*C'est un gouvernement français,* qui a fait des Français, les instruments de la haine éternelle de la France contre Juifs, bien antérieure aux nazis[6], en ordonnant à ses fonctionnaires, à ses officiers, à sa police, à son armée, aux Français de dénoncer, de capturer, de déporter pour les nazis des dizaines de milliers de Français Juifs hommes, femmes, enfants dans les camps de la mort, *faisant de la France, « une entreprise de destruction de l'âme, d'asservissement, de négation de l'humanité des Juifs »*

L'ex-Premier ministre savait pertinemment, que personne, ni aucun Etat au monde, terroriste ou pas, n'aurait accepté de se faire traiter de nazi, *« d'entreprise de destruction de l'âme, d'asservissement de l'homme, de négation de l'humanité »* par un chef de gouvernement français, alors qu'il avait été mis fin au génocide juif, grâce au courage des grands hommes comme le Général de Gaulle – Président de la République française de 1959 à 1969 -, qui avait appelé à la

---

[6] Dans le Code noir, dont l'historien Louis Sala-Molins a déclaré : *« C'est le texte juridique, le plus monstrueux dans l'histoire de l'humanité »,* par son racisme, mais aussi par son antisémitisme, dés son article 1er, il dit : *« ...enjoignons à tous les officiers de chasser dans nos îles tous les Juifs qui y ont établi leur résidence, auxquels, comme aux ennemis déclarés du non chrétien, nous commandons d'en sortir dans trois mois à compter du jour de la publication des présentes, à peine de confiscation de corps et de biens »*

Résistance depuis Londres contre **« des gouvernants de rencontre »**. Grâce au courage des grands hommes comme le Gouverneur Général Félix Eboué, Commandant des Forces armée de la France libre au Tchad, condamné à mort et déchu de la nationalité française par contumace par **ce même gouvernements français**, qui avait vendu les Français à Hitler, au son des bottes nazies à l'entrée de Paris.

L'ex-Premier ministre savait pertinemment que personne, ni aucun Etat au monde, terroriste ou pas, n'aurait accepté de se faire traiter de nazi, « *d'entreprise de destruction de l'âme, d'asservissement de l'homme, de négation de l'humanité* » par un chef de gouvernement français, alors que **certains gouvernements français dans leurs guerres de destruction de l'âme, d'asservissement, de négation de l'humanité des Noirs et des Juifs, avaient tué plus de Français Noirs, plus de Français Juifs, plus de Résistants français, que tous les Français tués, dans les attentats, qu'il qualifiait de « nouvelle guerre »**. Toute proportion gardée, car « *bien sûr, les comparaisons historiques ont leurs limites* »

« *Au regard des maux du passé et des menaces du présent* », le plus grave danger pour les Français et pour la Démocratie, ce n'étaient pas les terroristes, Islamistes ou Français radicalisés, mais c'était un ex-chef du gouvernement, censé protéger la France et les valeurs de la République, qui provoquait et exploitait un terrorisme et une radicalisation qu'il était censé combattre.

« *Les intentions macabres* », que l'ex-Premier ministre attribuait aux terroristes, Islamistes ou Français radicalisés, mais qui en vérité, étaient les siennes, avaient pour but de les provoquer pour les pousser à commettre de nouveaux attentats contre les Français et à terme à commettre un nouveau génocide juif.

Avec de telles provocations pour masquer ses propres violations des valeurs de la République et des principes de la Démocratie, le Président de la République ne pouvait que prononcer la démission de l'ex-Premier ministre.

# LA FRAUDE PRÉSIDENTIELLE

# 6 – LA DÉMISSION DE L'EX-PREMIER MINISTRE

Les déclarations incendiaires de l'ex-Premier ministre et son article facebook « *Assumons le débat sur le burkini* » du 26 août 2016, le jour de l'anniversaire de la Déclaration des droits de l'homme, en contradiction avec la décision du Conseil d'Etat demandant la suspension des arrêtés anti-burkini et du communiqué du Haut-Commissaire de l'ONU aux droits de l'homme, dénonçant le caractère discriminatoire de ces arrêtés contre les musulmans, étaient venus, s'il en était besoin corroborer ces provocations à des actes terroristes.

Après chaque attentat, que ce soit après l'attentat contre Charlie hebdo, après les attentats au Bataclan et à Saint-Denis, ou encore après l'attentat de Nice, l'ex-Premier ministre exploitait la mort des Français et la souffrance des Communautés victimes des attentats pour propager chaque fois un peu plus, sa vision manichéenne du monde : d'une guerre du Bien contre le Mal, qu'il voulait, planétaire, de longue durée, chimique, bactériologique, dans laquelle il représenterait l'axe du Bien, chef de guerre compassionnel, détenteur du monopole de la démocratie et de la liberté, protecteur des Français, des Femmes, des Juifs, des Musulmans, des Chrétiens... Contre l'axe du Mal : Les terroristes islamistes, détenteurs du monopole de la violence et des crimes, qu'il diabolisait, en les traitant, et je le cite « *de sexistes, d'antisémites, d'anti-chrétiens, d'antimusulmans, d'infâme, de macabres, d'assassins, de lâches, de barbares, de criminels, d'entreprise d'asservissement de l'homme, de destruction de l'âme, de négation de l'humanité...* »

L'ex-Premier ministre avait doublement raison quand il a déclaré, je le cite : « *La mémoire ne doit pas hésiter à regarder les maux du passé* » et « *Les comparaisons historiques ont leurs limites* », en effet, des gouvernements français « légitimes » ont commis par le passé, des innommables actes de barbarie qui révoltent la conscience humaine, en faisant condamner à mort par contumace le Général de Gaulle et le Gouverneur général Félix Eboué, en envoyant dans les camps de la mort 125 000 Français dont 75 000 Français-Juifs, en faisant persécuter, torturer, assassiner, massacrer, méthodiquement, minutieusement, directement ou indirectement, des Résistants français, des centaines de milliers d'enfants, d'hommes, de Femmes-Françaises, de Français-Juifs, de Français-Noirs, chosifiés, aliénés, diabolisés, à l'humanité niée, faisant des Juifs, des Noirs, des Femmes, des victimes, d'un antisémitisme institutionnalisé, d'un racisme étatisé, d'un sexisme légalisé, et de la France *« une entreprise d'asservissement de l'homme, de destruction de l'âme, de négation de l'humanité... »*

L'ex-Premier ministre avait doublement raison quand il a déclaré, je le cite : *« Nous ne devons pas hésiter à faire face à cette menace du présent »* et *« La barbarie a changé de visage, mais ses intentions macabres n'ont quant à elles pas changé »*, en effet, à l'instar des gouvernements français qui ont provoqué et exploité l'antisémitisme, le racisme, le sexisme à des fins idéologiques et de domination, l'ex-Premier ministre, *à son tour,* avec une autre méthode, provoquait les terroristes à commettre de nouveaux attentats de façon à profiter d'un trouble à l'ordre public et d'un climat de terreur intentionnel, pour masquer ses propres violations des valeurs de la République et des principes de la Démocratie.

Parce que, si l'ex-Premier ministre avait été un réel défenseur des principes de la Démocratie face au terrorisme, mais aussi face à des pseudos-candidats à l'élection présidentielle, porteurs d'une Démocratie française à l'élection présidentielle illégale et inconstitutionnelle, alors, conjointement à un véritable plan de lutte contre le terrorisme et la radicalisation, il aurait aussi pris des mesures d'urgence pour faire voter une loi donnant au Conseil constitutionnel le droit de déclarer inéligible, un candidat à l'élection présidentielle, sanctionné pour fraude ou irrégularités constatées dans son compte de campagne, dans le respect de la Constitution, qui proclame en son article 58 : « *Le Conseil constitutionnel veille à la régularité de l'élection du Président de la République* ». **Mais, il ne l'a pas fait !**

Si l'ex-Premier ministre avait été un réel défenseur des valeurs de la République face au terrorisme, mais aussi face à des pseudos-candidats à l'élection présidentielle, porteurs d'une République française de privilèges et d'un pouvoir entre les mains d'un petit groupe, alors, il aurait aussi pris des mesures d'urgence pour l'abolition des privilèges, prononcée depuis 1789, et pour une équité dans les nominations publiques, dans le respect d'un principe républicain gravé dans la Déclaration des droits de l'homme depuis 1789, qui proclame en son article 6 : « *Tous les citoyens étant égaux à ses yeux (de la Loi) sont également admissibles à toutes dignités, places et emplois publics, selon leur capacité, sans aucune distinction que celles de leurs vertus et de leurs talents* ». **Mais, il ne l'a pas fait !**

Si l'ex-Premier ministre avait été un réel défenseur de la Fraternité face au terrorisme, mais aussi face à des pseudos-candidats à l'élection présidentielle, porteurs d'une Fraternité française à l'identité coloniale d'un autre temps, alors, il aurait aussi pris des mesures d'urgence pour promouvoir la diversité culturelle de la France, dans le respect de la Constitution qui proclame en son article 1er : *« La France est une République indivisible, laïque, démocratique et sociale. Elle assure l'égalité devant la loi de tous les citoyens sans distinction d'origine, de race ou de religion. Elle respecte toutes les croyances... »*. **Mais, il ne l'a pas fait !**

Si l'ex-Premier ministre avait été un réel défenseur de l'Egalité face au terrorisme, mais aussi face à des pseudos-candidats à l'élection présidentielle, porteurs d'une Egalité française aux lois complaisantes pour les gouvernants et exemplaires pour les citoyens, alors, il aurait aussi pris des mesures d'urgence pour l'Egalité réelle devant la loi entre les gouvernants et les citoyens, dans le respect de la Constitution et d'un principe républicain gravé dans la Déclaration des droits de l'homme depuis 1789, qui proclame en son article 6 : *« La loi doit être la même pour tous soit qu'elle punisse soit qu'elle protège »*. **Mais, il ne l'a pas fait !**

Si l'ex-Premier ministre avait été un réel défenseur de la Liberté face au terrorisme, mais aussi face à des pseudo-candidats à l'élection présidentielle, porteurs d'une Liberté française aux mesures sécuritaires liberticides, alors, il aurait aussi pris des mesures d'urgence pour protéger les libertés individuelles, dans le respect d'un principe républicain gravé dans la Déclaration des droits de l'homme depuis 1789, qui proclame en son article 12 : « *La garantie des droits de l'homme et du citoyen nécessite une force publique : cette force est donc instituée pour l'avantage de tous, et non pour l'utilité particulière de ceux auxquels elle est confiée* ». **Mais, il ne l'a pas fait !**

Si l'ex-Premier ministre avait été un réel défenseur des Français face au terrorisme, mais aussi face à des pseudos-candidats à l'élection présidentielle, porteurs d'un prochain gouvernement français, exploiteur des maux qu'il est censé combattre, alors, il aurait aussi pris des mesures d'urgence pour protéger tout Français contre ceux et celles qui exploitent aujourd'hui le terrorisme à des fins électoralistes, pour protéger tout Français, qui réclame le respect ou qui dénonce une violation de la Constitution ou de la Déclaration des droits de l'homme par un membre du gouvernement, dans le respect d'un principe républicain gravé dans la Déclaration des droits de l'homme depuis 1789, qui proclame en son préambule : « *afin que les réclamations des citoyens, fondées désormais sur des principes simples et incontestables, tournent toujours au maintien de la Constitution et au bonheur de tous ».* Mais, il ne l'a pas fait !

En vertu de l'article 8, qui donne au Président de la République le pouvoir de nommer et de mettre fin aux fonctions du Premier ministre, le 06 juin 2016, j'avais envoyé une lettre au Président de la République lui demandant de démettre de ses fonctions l'ex-Premier de ministre.

La démission de l'ex-Premier ministre était une réponse politique à ses fautes graves dans l'exercice de ses fonctions. Mais, il convenait aussi d'adjoindre à cette démission, une condamnation pénale.

La provocation à commettre des actes terroristes est punie par les articles 421-1, 421-2-5 du Code pénal. La provocation à commettre un génocide non suivie d'effet est punie par l'article 211-2 du Code pénal. Aux termes de l'article 68-1 de la Constitution, les membres du gouvernement sont pénalement responsables des actes accomplis dans l'exercice de leurs fonctions et sont jugés par la Cour de Justice de la République.

Les faits étaient suffisamment graves, et j'étais certain, qu'en d'autres circonstances, le Président de la République aurait lui-même porté cette affaire devant la Cour de Justice de la République, mais sa mise en cause de l'impartialité de cette juridiction d'exception et sa préconisation de sa suppression, le privait de cette possibilité, d'où ma démarche.

J'avais donc porté plainte devant la Cour de Justice de la République, enregistrée sous le n° 20/2016, le 14 juillet 2016, convaincu que la CJR prouverait son impartialité et la nécessité de sa non-suppression par le Président de la République, qui lui reprochait sur les douze dossiers pour lesquels elle s'était réunie, depuis sa création en 1993, six avaient fait l'objet d'une décision d'incompétence ou d'un non-lieu. Trois avaient abouti à une relaxe, et trois à de la prison avec sursis ou à une dispense de peine. La CJR ne s'était donc jamais prononcée sur une peine de prison ferme.

L'ex-Premier ministre risquait une condamnation de 7 ans d'emprisonnement et 100000€ d'amende pour provocation à des actes terroristes, et une autre condamnation de 7 ans d'emprisonnement et 100000€ d'amende pour provocation à commettre un génocide non suivie d'effet [7].

Après cette demande de démission au Président de la République et cette requête devant la Cour de Justice de la République pour protéger les Français et les Françaises contre l'ex-Premier ministre, il me fallait maintenant mettre définitivement fin à 200 ans de violations de la Déclaration de 1789.

---

[7] Annexe 7 L'ex-Premier ministre devant la CJR

# 7 – 200 ANS DE VIOLATIONS DE LA DÉCLARATION DE 1789

La campagne présidentielle s'annonçait comme une honteuse propagande manichéenne du Bien contre le Mal, enflammée par les tweets belliqueux de pseudos-candidats à l'élection présidentielle, qui avaient fait de la lutte contre le terrorisme et la radicalisation leur nouveau fonds de commerce électoral.

Dans l'arène médiatique, ces pseudos-candidats à l'élection présidentielle s'invectivaient d'insultes pour donner aux Français l'impression d'être des ennemis jurés.

Ils se bousculaient aux portes de l'Elysée, se déchirant pour le fauteuil des Présidents, qu'ils avaient eux-mêmes demandés aux Français d'élire 5 ans ou 10 ans auparavant, et qui les avaient nommés ministres.

Chacun critiquait la politique de l'autre, chacun se vantait de détenir les meilleures solutions, pour redresser une France qu'ils ont eux-mêmes trahi, exploitant les problèmes récurrents du chômage, de la dette publique, de l'insécurité, de l'immigration, qu'ils ont eux-mêmes créé ou aggravé.

Cependant, il existait deux sujets essentiels, que ces sauveurs de la France s'étaient tous mis d'accord pour couvrir d'une chape de plomb :

**1)   Le vote d'une loi pour donner au Conseil constitutionnel le droit de déclarer inéligible un candidat à l'élection présidentielle, sanctionné pour fraude ou irrégularités, constatées dans son compte de campagne**

**2)   Le vote d'une loi pour protéger les Français contre tout membre, ex-membre du gouvernement ou candidat à l'élection présidentielle, qui viole la Constitution et la Déclaration des droits de l'homme, ou qui exploite les maux qu'il est censé combattre.**

Le monde entier devait savoir qu'en 1789, les Français n'ont pas fait la Révolution pour chasser une puissance étrangère, qui avait envahi la France. Mais, ils se sont insurgés pour se libérer de l'oppression et de la tyrannie de leurs propres gouvernants. Et depuis 1799, la France s'est transformée en un régime hybride, qui n'a de « République » que le nom, et de « Démocratie » que l'apparence.

Le monde entier devait savoir que de nombreux problèmes que les Français et les Françaises ont à affronter aujourd'hui, viennent des lois iniques votées par des gouvernements français

« légitimes ». Un gouvernement français fait voter une loi inique pour créer un problème dans la société, un autre gouvernement fait voter une contre-loi pour tenter de réparer les problèmes laissés par le gouvernement précédent.

Malgré, les nombreux crimes impunis des gouvernements français « légitimes », des pseudos-candidats à l'élection présidentielle continuaient de manipuler les Français et les Françaises, en leur demandant de les élire Président de la République, à travers ce rituel de vote contestataire quinquennal, qui consiste à les faire voter pour le moins pire d'entre eux, tout en refusant de faire voter une loi pour les protéger contre les membres du gouvernement, qui violent la Constitution et la Déclaration des droits de l'homme.

Mais, rien de surprenant dans cette omerta, car même aux pires moments de la tragique histoire de la République, quand des Résistants français, conduits par le Commandant Louis Delgrés en 1802 ou par le Général de Gaulle en 1940, se sont rebellés contre des gouvernements français « légitimes », qui s'étaient mis au service de la barbarie et de la dégradation de la personne humaine, ces gouvernements français, au lieu de les soutenir dans leur combat pour le respect des valeurs de la République et des droits de l'homme, ils les ont au contraire faits condamner, emprisonner, persécuter, torturer, assassiner [8]...

Considérant, qu'il me fallait tout mettre en œuvre pour que la France devienne le véritable Pays des droits de l'homme et de la Liberté, pour lequel des centaines de milliers de Français et de Françaises de toute race, de toute religion, de toute origine, de tout niveau social et de fortune, ont été condamnés, persécutés, torturés, assassinés par des gouvernements français « légitimes », et pour lequel de nombreux Français sont encore victimes des violences et des discriminations politiques de faux-défenseurs des valeurs de la République, j'avais exposé au Président de la République, une nouvelle vision de la politique française, expurgée de son cynisme et son machiavélisme séculaire :

**Dans l'Univers des mondes libres, aucun pays ne devient un symbole de la Fraternité par les crimes et les violences antisémites de son propre gouvernement, aussi pour la France devienne le véritable**

---

[8] Pour rétablir la déportation et l'esclavage des Noirs dans les colonies française en 1802, *un gouvernement français* a fait son armée assassiner sans pitié les hommes, les femmes, les enfants de la Guadeloupe, et a ordonné de suspendre sur les arbres, à la vue de tous, leurs corps jusqu'à putréfaction, « *surpassant les maximes les plus atroces de la tyrannie* », comme le Commandant Louis Delgrés l'avait prédit.

**Pays de la Fraternité,** pour lequel des centaines de milliers de Français et de Françaises de toute race, de toute religion, de toute origine, de tout niveau social et de fortune ont été condamnés, persécutés, torturés, assassinés par des gouvernements français « légitimes », et pour lequel de nombreux Français sont encore victimes des violences et des discriminations politiques de faux-défenseurs de la Fraternité, un nouveau Gouvernement, véritablement républicain, doit faire voter une loi pour que plus jamais, un candidat à l'élection présidentielle ne soit tenté de faire un fonds de commerce électoral avec la lutte contre un antisémitisme, organisé méthodiquement, minutieusement, par des gouvernements français « légitimes », en toute impunité, au mépris des lois de la République.

**Dans l'Univers des mondes libres, aucun pays ne devient un symbole de la Liberté par les crimes et les violences racistes de son propre gouvernement, aussi pour que la France devienne le véritable Pays de la Liberté,** pour lequel des centaines de milliers de Français et de Françaises de toute race, de toute religion, de toute origine, de tout niveau social et de fortune ont été condamnées, persécutés, persécutés, torturés, assassinés par des gouvernements français « légitimes », et pour lequel de nombreux Français sont encore victimes des violences et des discriminations politiques de faux-défenseurs de la Liberté, un nouveau Gouvernement, véritablement républicain, doit faire voter une loi pour que plus jamais, un candidat à l'élection présidentielle ne soit tenté de faire un fonds de commerce électoral avec la lutte contre un racisme, organisé minutieusement, méthodiquement par des gouvernements français « légitimes », en toute impunité, au mépris des lois de la République.

**Dans l'Univers des mondes libres, aucun pays ne devient un symbole de l'Egalité par les violences contre les femmes de son propre gouvernement, aussi pour que la France devienne le véritable Pays de l'Egalité,** pour lequel des centaines de milliers de Français et de Françaises de toute race, de toute religion, de toute origine, de tout niveau social et de fortune ont été condamnés, persécutés, torturés, assassinés par des gouvernements français « légitimes », et pour lequel de nombreux Français sont encore victimes des violences et des discriminations politiques de faux-défenseurs de l'Egalité, un nouveau Gouvernement, véritablement républicain, doit faire voter une loi pour que plus jamais, un candidat à l'élection présidentielle ne soit tenté de faire un fonds de commerce électoral avec la lutte contre une violence faites aux femmes, organisée minutieusement, méthodiquement par certains gouvernements français « légitimes », en toute impunité, au mépris des lois de la République.

Dans l'Univers des mondes libres, aucun pays ne devient un symbole des droits de l'homme et de la Démocratie par les violations de sa propre Constitution et de sa propre Déclaration des droits de l'homme par son propre gouvernement, aussi pour que la France devienne le véritable Pays des droits de l'homme et de la Démocratie, pour lequel des centaines de milliers de Français et de Françaises de toute race, de toute religion, de toute origine, de tout niveau social et de fortune ont été condamnés, persécutés, torturés, assassinés par des gouvernements français « légitimes », et pour lequel de nombreux Français sont encore victimes des violences et des discriminations politiques de faux-défenseurs des valeurs de la République, un nouveau Gouvernement, véritablement républicain, doit faire voter une loi pour que plus jamais un candidat à l'élection présidentielle ne soit tenté de faire un fonds de commerce électoral avec la lutte contre un terrorisme provoqué et exploité, ou de tout autre mal qu'il est censé combattre.

J'avais donc exposé au Président de la République, un projet de réforme en 7 volets :

**Volet 1 Respect des principes de la Démocratie :** *Vote d'une loi donnant au Conseil constitutionnel le droit de déclarer inéligible un candidat à l'élection présidentielle, sanctionné pour fraude ou* *irrégularités constatées dans son compte de campagne,* dans le respect de l'article 58 de la Constitution : « *Le Conseil constitutionnel veille à la régularité de l'élection du Président de la République* »

**Volet 2 Respect des valeurs de la République :** *Abolition des privilèges et Equité dans les nominations publiques,* dans le respect de l'article 6 de la Déclaration des droits de l'homme : « *Tous les citoyens étant égaux à ses yeux (de la Loi) sont également admissibles à toutes dignités, places et emplois publics, selon leur capacité, sans aucune distinction que celles de leurs vertus et de leurs talents* »

**Volet 3 Respect de la Fraternité multiculturelle :** *Meilleure protection de la diversité multiculturelle française,* dans le respect de l'article 1er de la Constitution : « *La France est une République indivisible, laïque, démocratique et sociale. Elle assure l'égalité devant la loi de tous les citoyens sans distinction d'origine, de race ou de religion. Elle respecte toutes les croyances...* »

**Volet 4 Respect de l'Egalité réelle :** *Même loi pour les gouvernants et les citoyens,* dans le respect de l'article 6 de la Déclaration des droits de l'homme : « *La loi doit être la même pour tous soit qu'elle punisse soit qu'elle protège* »

**Volet 5 Respect de la Liberté républicaine :** *Meilleure protection des libertés individuelles,* dans le respect de l'article 12 de la Déclaration des droits de l'homme : *« La garantie des droits de l'homme et du citoyen nécessite une force publique : cette force est donc instituée pour l'avantage de tous, et non pour l'utilité particulière de ceux auxquels elle est confiée »*

**Volet 6 Respect du droit de tout Français de concourir à la formation de la loi :** *Inscription à l'article 39 alinéa 2 de la Constitution : « Tout Français a le droit de concourir personnellement à la formation de la loi. Une loi organique détermine les conditions d'application de cet article »* dans le respect de l'article 6 de la Déclaration des droits de l'homme

**Volet 7 Protection des Français contre toute forme de violence ou de discrimination politique exercée par un membre, un ex-membre du gouvernement ou par un candidat à l'élection présidentielle :** *Inscription à l'article 68-1 alinéa 2 de la Constitution : « Tout Français a le droit et le devoir de réclamer le respect ou de dénoncer une violation de la Constitution ou de la Déclaration des droits de l'homme par un membre, un ex-membre du gouvernement ou par un candidat à l'élection* *présidentielle. De même, tout Français a le droit et le devoir de dénoncer les actes d'un membre, d'un ex-membre du gouvernement ou d'un candidat à l'élection présidentielle visant à provoquer ou à exploiter les maux qu'il est censé combattre. La loi protège tout Français contre toute forme de violence et de discrimination politique exercée par un membre, un ex-membre du gouvernement ou un candidat à l'élection présidentielle visant à empêcher l'application de cet article. Le Code pénal est modifié en ce sens »,* dans le respect du Préambule de la Déclaration des droits de l'homme : « *afin que les réclamations des citoyens, fondées désormais sur des principes simples et incontestables, tournent toujours au maintien de la Constitution et au bonheur de tous* »

C'est sur ce projet de réforme en 7 volets contre toute forme de violation et pour le respect inconditionnel de la Constitution et de la Déclaration des droits de l'homme par tout membre, ex-membre du gouvernement ou candidat à l'élection présidentielle, que j'avais clôturé mes propositions au Président de la République française – M. François Hollande, garant du respect de la Constitution et du fonctionnement régulier des institutions de la République.

# ANNEXES

# Annexe 1 : Décision du Conseil constitutionnel : Rejet du compte de campagne de l'ex-Président

**Décision n° 2013-156 PDR du 4 juillet 2013**

**Décision du Conseil constitutionnel sur un recours de M. Nicolas Sarkozy dirigé contre la décision du 19 décembre 2012 de la Commission nationale des comptes de campagnes et des financements politiques**

LE CONSEIL CONSTITUTIONNEL,

Vu la requête, présentée pour M. Nicolas SARKOZY, domicilié à Paris, enregistrée le 10 janvier 2013 au secrétariat général du Conseil constitutionnel et tendant à l'annulation de la décision de la Commission nationale des comptes de campagne et des financements politiques en date du 19 décembre 2012 ayant rejeté son compte de campagne, ordonné la restitution de l'avance forfaitaire de 153 000 euros et le versement au Trésor public d'une somme de 363 615 euros ;

Vu la décision attaquée ;

Vu les mémoires en défense, enregistrés comme ci-dessus les 21 février, 9 et 30 avril, 29 mai, 4 et 11 juin 2013, présentés par la Commission nationale des comptes de campagne et des financements politiques ;

Vu les mémoires en réplique présentés pour M. Nicolas SARKOZY par Me Philippe Blanchetier, avocat au barreau de Paris enregistrés comme ci-dessus les 20 mars, 19 avril, 24 mai, 4, 27 et 28 juin 2013 ;

Vu la demande d'intervention présentée par M. Raymond Avrillier, enregistrée comme ci-dessus le 2 janvier 2013 ;

Vu la demande d'intervention présentée par M. René Hoffer, enregistrée comme ci-dessus le 24 janvier 2013 ;

Vu la lettre de M. Christian Frémont, ancien directeur du cabinet du Président de la République, en réponse à une mesure d'instruction du Conseil constitutionnel, enregistrée le 13 mai 2013 ;

Vu la lettre de Mme Sylvie Hubac, directrice du cabinet du Président de la République, en réponse à une mesure d'instruction du Conseil constitutionnel, enregistrée le 13 mai 2013 ;

Vu la lettre de M. Bernard Carayon, maire de Lavaur, en réponse à une mesure d'instruction du Conseil constitutionnel, enregistrée le 14 mai 2013 ;

Vu les lettres de M. Jean-François Copé, président de l'Union pour un mouvement populaire, en réponse aux mesures d'instruction du Conseil constitutionnel, enregistrées les 14 et 23 mai 2013 ;

23. Considérant qu'en premier lieu, les montants ainsi arrêtés résultent de la réintégration à hauteur de 1 669 930 euros de dépenses que le candidat n'avait pas ou avait insuffisamment fait figurer dans son compte de campagne, soit 7,8 % de plus que le montant des dépenses qu'il a déclarées et 7,4 % du plafond de dépenses autorisées ; qu'en deuxième lieu, parmi les dépenses qui auraient dû figurer au compte de campagne du fait de leur caractère électoral, celles relatives à la réunion publique tenue à Toulon par M. SARKOZY antérieurement à sa déclaration de candidature n'ont fait l'objet d'aucune refacturation par l'État ; qu'elles ont ainsi été financées irrégulièrement, en méconnaissance des dispositions de l'article L. 52-8 du code électoral, applicable à l'élection présidentielle en vertu du paragraphe II de l'article 3 de la loi du 6 novembre 1962, qui prohibe, sous quelque forme que ce soit, la participation des personnes morales autres que les partis ou groupements politiques au financement de la campagne électorale d'un candidat ; qu'en troisième lieu, le montant arrêté des dépenses électorales de M. SARKOZY excède de 466 118 euros, soit 2,1 %, le plafond autorisé ;

24. Considérant qu'il résulte de tout ce qui précède que c'est à bon droit que la Commission nationale des comptes de campagne et des financements politiques a rejeté le compte de M. SARKOZY ; qu'en application des dispositions précitées de la loi du 6 novembre 1962, dès lors que le compte de M. SARKOZY est rejeté, celui-ci n'a pas droit au remboursement forfaitaire prévu à l'article L. 52-11-1 du code électoral et doit en conséquence restituer au Trésor public l'avance forfaitaire de 153 000 euros qui lui a été versée ; que, s'il résulte des mêmes dispositions que, dans tous les cas où un dépassement du plafond des dépenses électorales est constaté, la Commission nationale des comptes de campagne et des financements politiques fixe une somme égale au montant du dépassement que le candidat est tenu de verser au Trésor public, le montant de ce versement, qui présente le caractère d'une sanction, ne saurait être augmenté à la suite du recours du candidat contre la décision de la commission ; qu'il n'y a dès lors pas lieu de modifier le montant arrêté par la commission dans sa décision,

DÉCIDE :

Article 1er : Les demandes de MM. René Hoffer et Raymond Avrillier sont rejetées.

Article 2 : Après réformation, le compte de campagne de M. Nicolas SARKOZY s'établit en dépenses à 22 975 118 euros et en recettes à 23 094 932 euros. Il est arrêté comme suit :

| Dépenses (en euros) | Montants déclarés par le candidat | Montants retenus par le Conseil constitutionnel | Recettes (en euros) | Montants déclarés par le candidat | Montants retenus par le Conseil constitutionnel |
|---|---|---|---|---|---|
| I dépenses payées par le mandataire financier : | 16 456 826 | 16 426 930 | I recettes perçues par le mandataire financier, dont : | 16 577 093 | 16 546 744 |
| | | | apport personnel (y compris l'avance de 153 000 euros) | 10 691 775 | 10 661 426 |

|  |  |  | versements définitifs des partis politiques |  |  |
|---|---|---|---|---|---|
|  |  |  | dons de personnes physiques | 5 817 956 | 5 817 956 |
|  |  |  | autres recettes | 67 362 | 67 362 |
| II contributions des partis politiques |  |  | II contributions des partis politiques |  |  |
| dépenses payées directement | 4 879 736 | 6 323 771 | paiements directs | 4 879 736 | 6 323 771 |
| concours en nature | 1 722 | 41 482 | concours en nature | 1 722 | 41 482 |
| III autres concours en nature | 1 380 | 182 935 | III autres concours en nature | 1 380 | 182 935 |
| TOTAL DES DEPENSES | 21 339 664 | 22 975 118 | TOTAL DES RECETTES | 21 459 931 | 23 094 932 |
| Solde positif du compte | 120 267 | 119 814 |  |  |  |

Article 3 : La décision de la Commission nationale des comptes de campagne et des financements politiques est réformée en ce qu'elle a de contraire à l'article 2.

Article 4 : Le surplus des conclusions de la requête de M. SARKOZY est rejeté.

Article 5 : La présente décision sera publiée au Journal officiel de la République française et notifiée à M. Nicolas SARKOZY, à la Commission nationale des comptes de campagne et des financements politiques et au ministre de l'intérieur.

Délibéré par le Conseil constitutionnel dans sa séance du 4 juillet 2013 où siégeaient : M. Jean-Louis DEBRÉ, Président, M. Jacques BARROT, Mmes Claire BAZY MALAURIE, Nicole BELLOUBET, MM. Guy CANIVET, Michel CHARASSE, Renaud DENOIX de SAINT MARC, Hubert HAENEL et Mme Nicole MAESTRACCI.

JORF du 6 juillet 2013 page 11289, texte n° 92
Recueil, p. 865
ECLI:FR:CC:2013:2013.156.PDR

# Annexe 2 : Articles l. 118-3, l. 118-4 et LO 136-1, LO 136-3 du Code électoral

**Article L. 118-3.** Saisi par la commission instituée par l'article L. 52-14, le juge de l'élection peut déclarer inéligible le candidat dont le compte de campagne, le cas échéant après réformation, fait apparaître un dépassement du plafond des dépenses électorales.

Saisi dans les mêmes conditions, le juge de l'élection peut déclarer inéligible le candidat qui n'a pas déposé son compte de campagne dans les conditions et le délai prescrits à l'article L. 52-12.

Il prononce également l'inéligibilité du candidat dont le compte de campagne a été rejeté à bon droit en cas de volonté de fraude ou de manquement d'une particulière gravité aux règles relatives au financement des campagnes

L'inéligibilité déclarée sur le fondement des premier à troisième alinéas est prononcée pour une durée maximale de trois ans et s'applique à toutes les élections. Toutefois, elle n'a pas d'effet sur les mandats acquis antérieurement à la date de la décision.

Si le juge de l'élection a déclaré inéligible un candidat proclamé élu, il annule son élection ou, si l'élection n'a pas été contestée, le déclare démissionnaire d'office.

**Article L. 118-4.** Saisi d'une contestation formée contre l'élection, le juge de l'élection peut déclarer inéligible, pour une durée maximale de trois ans, le candidat qui a accompli des manœuvres frauduleuses ayant eu pour objet ou pour effet de porter atteinte à la sincérité du scrutin.

L'inéligibilité déclarée sur le fondement du premier alinéa s'applique à toutes les élections. Toutefois, elle n'a pas d'effet sur les mandats acquis antérieurement à la date de la décision.

Si le juge de l'élection a déclaré inéligible un candidat proclamé élu, il annule son élection.

**Article LO 136-1.** Saisi d'une contestation formée contre l'élection ou dans les conditions prévues au troisième alinéa de l'article L. 52-15, le Conseil constitutionnel peut déclarer inéligible le candidat dont le compte de campagne, le cas échéant après réformation, fait apparaître un dépassement du plafond des dépenses électorales.

Saisi dans les mêmes conditions, le Conseil constitutionnel peut déclarer inéligible le candidat qui n'a pas déposé son compte de campagne dans les conditions et le délai prescrits à l'article L. 52-12.

Il prononce également l'inéligibilité du candidat dont le compte de campagne a été rejeté à bon droit en cas de volonté de fraude ou de manquement d'une particulière gravité aux règles relatives au financement des campagnes électorales.

L'inéligibilité déclarée sur le fondement des trois premiers alinéas du présent article est prononcée pour une durée maximale de trois ans et s'applique à toutes les élections. Toutefois, elle n'a pas d'effet sur les mandats acquis antérieurement à la date de la décision.

Lorsque le Conseil constitutionnel a déclaré inéligible un candidat proclamé élu, il annule son élection ou, si l'élection n'a pas été contestée, le déclare démissionnaire d'office.

Sans préjudice de l'article L. 52-15, lorsqu'il constate que la commission instituée par l'article L. 52-14 n'a pas statué à bon droit, le Conseil constitutionnel fixe dans sa décision le montant du remboursement forfaitaire prévu à l'article L. 52-11-1.

**Article LO 136-3.** Saisi d'une contestation contre l'élection, le Conseil constitutionnel peut déclarer inéligible, pour une durée maximale de trois ans, le candidat qui a accompli des manœuvres frauduleuses ayant eu pour objet ou pour effet de porter atteinte à la sincérité du scrutin.

L'inéligibilité déclarée sur le fondement du premier alinéa s'applique à toutes les élections.

Toutefois, elle n'a pas d'effet sur les mandats acquis antérieurement à la date de la décision.

Lorsque le Conseil constitutionnel a déclaré inéligible un candidat proclamé élu, il annule son élection ou, si l'élection n'a pas été contestée, le déclare démissionnaire d'office.

# Annexe 3 : Articles 6, 7 et 58 de la Constitution : Election du Président de la République

**Article 6.** Le Président de la République est élu pour cinq ans au suffrage universel direct.
Nul ne peut exercer plus de deux mandats consécutifs.
Les modalités d'application du présent article sont fixées par une loi organique.

**Article 7.** Le Président de la République est élu à la majorité absolue des suffrages exprimés. Si celle-ci n'est pas obtenue au premier tour de scrutin, il est procédé, le quatorzième jour suivant, à un second tour. Seuls peuvent s'y présenter les deux candidats qui, le cas échéant après retrait de candidats plus favorisés, se trouvent avoir recueilli le plus grand nombre de suffrages au premier tour.
Le scrutin est ouvert sur convocation du Gouvernement.
L'élection du nouveau Président a lieu vingt jours au moins et trente-cinq jours au plus avant l'expiration des pouvoirs du président en exercice.
En cas de vacance de la Présidence de la République pour quelque cause que ce soit, ou d'empêchement constaté par le Conseil constitutionnel saisi par le Gouvernement et statuant à la majorité absolue de ses membres, les fonctions du Président de la République, à l'exception de celles prévues aux articles 11 et 12

ci-dessous, sont provisoirement exercées par le président du Sénat et, si celui-ci est à son tour empêché d'exercer ces fonctions, par le Gouvernement.

En cas de vacance ou lorsque l'empêchement est déclaré définitif par le Conseil constitutionnel, le scrutin pour l'élection du nouveau Président a lieu, sauf cas de force majeure constaté par le Conseil constitutionnel, vingt jours au moins et trente-cinq jours au plus après l'ouverture de la vacance ou la déclaration du caractère définitif de l'empêchement.

Si, dans les sept jours précédant la date limite du dépôt des présentations de candidatures, une des personnes ayant, moins de trente jours avant cette date, annoncé publiquement sa décision d'être candidate décède ou se trouve empêchée, le Conseil constitutionnel peut décider de reporter l'élection.

Si, avant le premier tour, un des candidats décède ou se trouve empêché, le Conseil constitutionnel prononce le report de l'élection.

En cas de décès ou d'empêchement de l'un des deux candidats les plus favorisés au premier tour avant les retraits éventuels, le Conseil constitutionnel déclare qu'il doit être procédé de nouveau à l'ensemble des opérations électorales ; il en est de même en cas de décès ou d'empêchement de l'un des deux candidats restés en présence en vue du second tour.

Dans tous les cas, le Conseil constitutionnel est saisi dans les conditions fixées au deuxième alinéa de l'article 61 ci-dessous ou dans celles déterminées pour la présentation d'un candidat par la loi organique prévue à l'article 6 ci-dessus.

Le Conseil constitutionnel peut proroger les délais prévus aux troisième et cinquième alinéas sans que le scrutin puisse avoir lieu plus de trente-cinq jours après la date de la décision du Conseil constitutionnel. Si l'application des dispositions du présent alinéa a eu pour effet de reporter l'élection à une date postérieure à l'expiration des pouvoirs du Président en exercice, celui-ci demeure en fonction jusqu'à la proclamation de son successeur.

Il ne peut être fait application ni des articles 49 et 50 ni de l'article 89 de la Constitution durant la vacance de la Présidence de la République ou durant la période qui s'écoule entre la déclaration du caractère définitif de l'empêchement du Président de la République et l'élection de son successeur.

**Article 58.** Le Conseil constitutionnel veille à la régularité de l'élection du Président de la République.

Il examine les réclamations et proclame les résultats du scrutin.

# Annexe 4 : Loi du 6 novembre 1962 relative à l'élection du Président de la République au suffrage universel

## Article 3

II. (al.1) - Les opérations électorales sont organisées selon les règles fixées par les articles L. 1er, L. 2, L. 5, L. 6, L. 9 à L. 21, L. 23, L. 25, L. 27 à L. 40, L. 42, L. 43, L. 45, L. 47 à L. 52-2, L. 52-4 à L. 52-11, L. 52-12, L. 52-14, L. 52-15, quatrième alinéa, L. 52-16 à L. 52-18, L. 53 à L. 55, L. 57 à L. 78, L. 86 à L. 111, L. 113 à L. 114, L. 116, L. 117, L. 117-2, LO 127, L. 199, L. 200, L. 385 à L. 387, L. 389, L. 393, L. 451 à L. 453, L. 477, L. 504 et L. 531 du code électoral, sous réserve des dispositions suivantes :

Pour l'application des deuxième et troisième alinéas de l'article L. 52-4 du code électoral, le mandataire recueille, pendant l'année précédant le premier jour du mois de l'élection et jusqu'à la date du dépôt du compte de campagne du candidat, les fonds destinés au financement de la campagne et règle les dépenses engagées en vue de l'élection.

Le plafond des dépenses électorales prévu par l'article L. 52-11 du code électoral est fixé à 13,7 millions d'euros pour un candidat à l'élection du Président de la République. Il est porté à 18,3 millions d'euros pour chacun des candidats présents au second tour.

Les personnes physiques ne peuvent, dans le cadre de l'application des dispositions de l'article L. 52-8 du code électoral, accorder des prêts et avances remboursables aux candidats.

L'obligation de dépôt du compte de campagne ainsi que la présentation de ce compte par un membre de l'ordre des experts-comptables et des comptables agréés s'imposent à tous les candidats. Les frais d'expertise comptable liés à l'application de l'article L. 52-12 du code électoral sont inscrits dans le compte de campagne.

La Commission nationale des comptes de campagne et des financements politiques approuve, rejette ou réforme, après procédure contradictoire, les comptes de campagne et arrête le montant du remboursement forfaitaire prévu au V du présent article. Elle se prononce dans les six mois du dépôt des comptes.

Dans tous les cas où un dépassement du plafond des dépenses électorales est constaté, la commission fixe une somme, égale au montant du dépassement, que le candidat est tenu de verser au Trésor public. Cette somme est recouvrée comme les créances de l'Etat étrangères à l'impôt et au domaine.

Par dérogation au quatrième alinéa de l'article L. 52-12 du code électoral, les comptes de campagne des candidats sont publiés par la commission au Journal officiel dans le mois suivant l'expiration du délai prévu à l'avant-dernier alinéa du V du présent article. Chaque compte comporte en annexe une présentation détaillée des dépenses exposées par chacun des partis et groupements politiques qui ont été créés en vue d'apporter un soutien au candidat ou qui lui apportent leur soutien, ainsi que des avantages directs ou indirects, prestations de services et dons en nature fournis par ces partis et groupements. L'intégralité de cette annexe est publiée avec le compte, dans les conditions prévues à la première phrase du présent alinéa. Les partis et groupements politiques mentionnés au présent alinéa communiquent à la Commission nationale des comptes de campagne et des financements politiques, à sa demande, les pièces comptables et les justificatifs nécessaires pour apprécier l'exactitude de cette annexe.

Pour l'application des dispositions du quatrième alinéa de l'article L. 52-5 et du quatrième alinéa de l'article L. 52-6 du code électoral, le délai pour la dissolution de plein droit de l'association de financement électoral et pour la cessation des fonctions du mandataire financier est fixé à un mois à compter de la publication prévue au dernier alinéa du V du présent article.

Le solde positif éventuel des comptes des associations électorales et mandataires financiers des candidats est dévolu à la Fondation de France.

Le montant de l'avance prévue au deuxième alinéa du paragraphe V du présent article doit figurer dans les recettes retracées dans le compte de campagne.

Par dérogation aux dispositions de l'article L. 55 du code électoral, le scrutin est organisé le samedi en Guadeloupe, en Guyane, en Martinique, à Saint-Barthélemy, à Saint-Martin, à Saint-Pierre-et-Miquelon, en Polynésie française et dans les ambassades et les postes consulaires situés sur le continent américain.

II bis. - Le jour du vote, le scrutin est ouvert à huit heures et clos à dix-neuf heures.

Toutefois, pour faciliter l'exercice du droit de vote, et sans que le scrutin puisse être clos après vingt heures :

1° Le représentant de l'Etat dans le département ainsi qu'à Saint-Barthélemy, à Saint-Martin, à Saint-Pierre-et-Miquelon, dans les îles Wallis et Futuna, en Polynésie française et en Nouvelle-Calédonie peut, par arrêté, avancer l'heure d'ouverture ou retarder l'heure de clôture du scrutin dans certaines communes ou circonscriptions administratives ;

2° Le ministre des affaires étrangères peut, par arrêté, avancer l'heure d'ouverture ou retarder l'heure de clôture du scrutin dans certains bureaux de vote ouverts à l'étranger.

III. - Le Conseil constitutionnel veille à la régularité des opérations et examine les réclamations dans les mêmes conditions que celles fixées pour les opérations de référendum par les articles 46, 48, 49, 50 de l'ordonnance n°

58-1067 du 7 novembre 1958 portant loi organique sur le Conseil constitutionnel.

Le Conseil constitutionnel arrête et proclame les résultats de l'élection qui sont publiés au Journal officiel de la République française dans les vingt-quatre heures de la proclamation. La déclaration de situation patrimoniale du candidat proclamé élu est jointe à cette publication.

Les décisions de la Commission nationale des comptes de campagne et des financements politiques mentionnées au II du présent article peuvent faire l'objet d'un recours de pleine juridiction devant le Conseil constitutionnel par le candidat concerné, dans le mois suivant leur notification. Pour l'examen des comptes comme des réclamations visées au premier alinéa du présent paragraphe, le président du Conseil constitutionnel désigne des rapporteurs, choisis parmi les membres du Conseil et les rapporteurs adjoints mentionnés au second alinéa de l'article 36 de l'ordonnance n° 58-1067 du 7 novembre 1958 portant loi organique sur le Conseil constitutionnel. Les agents de l'administration des impôts sont déliés du secret professionnel à l'égard des membres du Conseil constitutionnel et de ses rapporteurs adjoints à l'occasion des enquêtes qu'ils effectuent pour contrôler les comptes de campagne des candidats à l'élection du Président de la République.

# Annexe 5 : Avant-Projet de loi de Frantz Grava au Président de la République François Hollande

**Auteur : Frantz Grava - Auteur du livre " La Fraude Présidentielle "**
**Destinataires : M. Le Président de la République – M. François Hollande M. Le Président et Membres du Conseil constitutionnel – M. Laurent Fabius**
**Copie à : M. Le Président et Membres du CNCCFP – M. François Logerot**

Après l'élection présidentielle de 2012, suivant la décision de la CNCCFP, le Conseil constitutionnel dans sa décision du 04 juillet 2013, pour la première fois dans l'histoire de la 5$^{ème}$ République, a rejeté le compte de campagne d'un ex-Président de la République, et l'a condamné à reverser au Trésor public l'avance forfaitaire de 153000€, à verser une pénalité de 363615€ pour dépassement du plafond des dépenses autorisées, et au non-remboursement de 11 millions d'euros correspondant à 47,5% de ses dépenses de campagne, qui devaient normalement être prises en charge par l'Etat.

Mais, les Sages n'avaient pas pu déclarer l'ex-Président inéligible. Alors que, s'il s'agissait d'un candidat à l'élection législative, ils l'auraient déclaré inéligible.

Il est donc impératif, de faire voter une loi permettant au Conseil constitutionnel, de veiller pleinement à la régularité de l'élection présidentielle de 2017, en lui donnant le droit de déclarer inéligible un candidat à l'élection présidentielle, sanctionné pour fraude ou irrégularités constatées dans son compte de campagne.

Le présent projet de loi organique de modernisation des règles applicables à l'élection présidentielle, a pour objet la modification de la loi n°62-1292 du 6 novembre 1962 relative à l'élection du Président de la République au suffrage universel, en son article 3 paragraphes II et III, afin d'y faire figurer l'inéligibilité des candidats à l'élection présidentielle, en cas d'irrégularités constatées dans leur compte de campagne.

**Il propose** :

**Conditions d'inéligibilités**

**Article 1er : « Le 1er alinéa de l'article 3 paragraphe II de la loi n°62-1292 du 6 novembre 1962 relative à l'élection du Président de la République au suffrage universel, est ainsi modifié :**

**a) Après la référence « LO 127 », il est inséré la référence « LO 128 »,**

Cet article vise à faire figurer dans la loi relative à l'élection présidentielle, l'article 128 du Code électoral se rapportant aux conditions d'inéligibilités des candidats à l'élection présidentielle, en complément des articles L. 45, LO 127, L. 199, L. 200, L. 203 du code électoral y figurant déjà.

**Article LO 128 du code électoral :** « Ne peuvent pas faire acte de candidature :
1° Pendant une durée maximale de trois ans suivant la date de sa décision, les personnes déclarées inéligibles par le juge administratif en application des articles L. 118-3 et L. 118-4 ;
2° Pendant une durée maximale de trois ans suivant la date de sa décision, les personnes déclarées inéligibles par le Conseil constitutionnel en application des articles LO 136-1 et LO 136-3 ;
3° Pendant un an suivant la date de sa décision, les personnes déclarées inéligibles par le Conseil constitutionnel en application de l'article LO 136-2 »

## Proclamation des résultats

**Article 2 : « L'article 3 paragraphe III de la loi n°62-1292 du 6 novembre 1962 relative à l'élection du Président de la République au suffrage universel, est ainsi modifié :**

**a) Après le 2ème alinéa, il est inséré « Le Conseil constitutionnel précise dans son communiqué de proclamation des résultats : « Le candidat ou la candidate est proclamé(e) élu(e) à l'élection présidentielle, sous réserve de l'approbation définitive de son compte de campagne par la Commission Nationale**

des Comptes de Campagnes et des Financements Politiques et par le Conseil constitutionnel, en cas de recours, en application de l'article 3 paragraphe II alinéa 5 et du paragraphe III alinéa 3 »

Cet article tend à prendre en considération lors de la proclamation des résultats et du candidat ou de la candidate proclamé(e) élu(e) à l'élection présidentielle, l'éventuel rejet du compte de campagne par le CNCCFP et par le Conseil constitutionnel.

**Déclaration de l'inéligibilité et annulation de l'élection**

**Article 3 : « Le 1ᵉʳ alinéa de l'article 3 paragraphe II de la loi n°62-1292 du 6 novembre 1962 relative à l'élection du Président de la République au suffrage universel, est ainsi modifié :**

**a) Après la référence « LO 127 », il est inséré les références « LO 136-1, LO 136-3 »**

Cet article vise à rétablir le principe républicain de l'égalité en droit, le principe juridique de la non-discrimination dans la loi relative à l'élection présidentielle. Il donne droit au Conseil constitutionnel, en sa qualité de garant de la régularité de l'élection présidentielle (Art. 58 de la Constitution et Art. 3 paragraphe III alinéa 1 de la loi n°62-1292 du 6 novembre 1962) :

❖ De déclarer inéligible un candidat ou une candidate à l'élection présidentielle, sanctionné(e) pour fraude ou irrégularités constatées dans son compte de campagne,

❖ De déclarer inéligible, démissionnaire d'office et d'annuler l'élection du candidat ou de la candidate proclamé(e) élu(e) Président(e) de la République, sanctionné(e) pour fraude ou irrégularités constatées dans son compte de campagne.

Au même titre que le Conseil constitutionnel déclare inéligible les candidats aux élections législatives, déclare démissionnaire d'office et annule l'élection des candidats proclamés élus Député national, Député européen ou Député des Français de l'étranger, et le Juge administratif pour sa part, déclare inéligible les candidats à toutes les autres élections, déclare démissionnaire d'office et annule l'élection des candidats élus Président du Conseil régional ou de Collectivité territoriale à statut particulier, Conseiller départemental, Maires, sanctionnés pour fraude ou irrégularités constatées dans leur compte de campagne (Article L.118-3, L.118-4, LO 136-1, LO 136-3)

**Remplacement du Président démissionnaire et élection du nouveau Président de la République**

**Article 4 : « L'article 3 de la loi n°62-1292 du 6 novembre 1962 relative à l'élection du Président de la République au suffrage**

universel, est ainsi modifié, il est inséré un paragraphe III bis :

a) Alinéa 1 : « Lorsque le Conseil constitutionnel a annulé l'élection d'un candidat ou d'une candidate proclamé(e) élu(e) Président(e) de la République, sanctionné(e) pour fraude ou irrégularités constatées dans son compte de campagne, déclaré(e) inéligible ou, si l'élection n'a pas été contestée, l'a déclaré(e) démissionnaire d'office, il est remplacé par le Président du Sénat ou par le Gouvernement dans les conditions fixées par l'article 7 alinéa 4 de la Constitution : « *En cas de vacance de la Présidence de la République pour quelque cause que ce soit, ou d'empêchement constaté par le Conseil constitutionnel saisi par le Gouvernement et statuant à la majorité absolue de ses membres, les fonctions du Président de la République, à l'exception de celles prévues aux articles 11 et 12 ci-dessous, sont provisoirement exercées par le président du Sénat et, si celui-ci est à son tour empêché d'exercer ces fonctions, par le Gouvernement* »

b) Alinéa 2 : « L'élection du nouveau Président de la République en remplacement du Président de la République démissionnaire, a lieu dans les conditions fixées par l'article 7 alinéa 5 de la Constitution : « *En cas de vacance ou lorsque l'empêchement est déclaré définitif par le Conseil constitutionnel, le scrutin pour l'élection du nouveau Président a lieu, sauf cas de force majeure constaté par le Conseil constitutionnel, vingt jours au moins et trente-cinq jours au plus après l'ouverture de la vacance ou la déclaration du caractère définitif de l'empêchement »*

Cet article vise à remplacer le Président démissionnaire pour fraude ou irrégularités constatées dans son compte de campagne par le Président du Sénat ou par Gouvernement, et à organiser de nouvelle élection pour élire d'un nouveau Président de la République dans les conditions prévues par la Constitution en son article 7 alinéas 4 et 5.

Références juridiques
- Décision n° 2013-156 PDR du 4 juillet 2013 du Conseil Constitutionnel
- Articles L. 118-3, L. 118-4 et LO 136-1, LO 136-3 du code électoral
- Articles 6, 7 et 58 de la Constitution portant sur l'élection du Président de la République
- Loi n°62-1292 du 6 novembre 1962 relative à l'élection du Président de la République au suffrage universel - Article 3 paragraphes II, III

# Annexe 6 : Quiz La Fraude Présidentielle

Cochez 1 pour OUI 2 pour NON

**A** - Le Conseil constitutionnel peut-il déclarer inéligible un candidat à l'élection présidentielle, sanctionné pour fraude ou irrégularités constatées dans son compte de campagne ?
1 ☐   2 ☐

**B** - Le Conseil constitutionnel peut-il déclarer inéligible un candidat à l'élection législative, sanctionné pour fraude ou irrégularités constatées dans son compte de campagne ?
1 ☐   2 ☐

**C** - Le Conseil constitutionnel peut-il déclarer inéligible ou démissionnaire d'office et annuler l'élection d'un candidat proclamé élu Président de la République, sanctionné pour fraude ou irrégularités constatées dans son compte de campagne ?
1 ☐   2 ☐

**D** - Le Conseil constitutionnel peut-il déclarer inéligible ou démissionnaires d'office, et annuler l'élection d'un candidat élu Député, sanctionné pour fraude ou irrégularités constatées dans leur compte de campagne ?
1 ☐   2 ☐

**E** - Le Juge administratif peut-il déclarer inéligible les candidats aux élections régionales, départementales, municipales, sanctionnés pour fraude ou irrégularités constatées dans leur compte de campagne ?

1 ☐    2 ☐

F - Le Juge administratif peut-il déclarer inéligible ou démissionnaire d'office, et annuler l'élection d'un candidat élu Président du Conseil régional, Président de Collectivité territoriale à statut particulier, Conseiller départemental, Maire, sanctionnés pour fraude ou irrégularités constatées dans leur compte de campagne ?

1 ☐    2 ☐

G - La Constitution prévoit-elle le remplacement d'un Président démissionnaire et l'organisation de nouvelle élection pour élire un nouveau Président de la République ?

1 ☐    2 ☐

H - Un candidat proclamé élu Président de la République, sanctionné par le CNCCFP et le Conseil constitutionnel pour fraude ou irrégularités constatées dans son compte de campagne, peut-il avoir recours à la force publique, en cas de manifestations des Français pour demander sa démission ?

1 ☐    2 ☐

I - Un candidat proclamé élu Président de la République, sanctionné par la CNCCFP et le Conseil constitutionnel pour fraude ou irrégularités constatées dans son compte de campagne, peut-il accomplir les 5 ans de sa mandature à son terme, jusqu'à la prochaine élection présidentielle ?

1 ☐    2 ☐

**J** - Un candidat proclamé élu Président de la République, sanctionné par le CNCCFP et le Conseil constitutionnel pour fraude ou irrégularités constatées dans son compte de campagne, peut-il être traduit devant la Justice ?

1 ☐    2 ☐

**Grille des Réponses : A2 – B1 – C2 – D1 – E1 – F1 – G1 – H1 – I1 – J2 TOTAL 13**

# Annexe 7 : L'ex-Premier ministre devant la Cour de Justice de la République

## Constitution : La responsabilité pénale des membres du gouvernement

**Article 68-1.** Les membres du Gouvernement sont pénalement responsables des actes accomplis dans l'exercice de leurs fonctions et qualifiés crimes ou délits au moment où ils ont été commis.

Ils sont jugés par la Cour de justice de la République.

La Cour de justice de la République est liée par la définition des crimes et délits ainsi que par la détermination des peines telles qu'elles résultent de la loi.

**Article 68-2.** La Cour de justice de la République comprend quinze juges : douze parlementaires élus, en leur sein et en nombre égal, par l'Assemblée nationale et par le Sénat après chaque renouvellement général ou partiel de ces assemblées et trois magistrats du siège à la Cour de cassation, dont l'un préside la Cour de justice de la République.

Toute personne qui se prétend lésée par un crime ou un délit commis par un membre du Gouvernement dans l'exercice de ses fonctions peut porter plainte auprès d'une commission des requêtes.

Cette commission ordonne soit le classement de la procédure, soit sa transmission au procureur général près la Cour de cassation aux fins de saisine de la Cour de justice de la République.

Le procureur général près la Cour de cassation peut aussi saisir d'office la Cour de justice de la République sur avis conforme de la commission des requêtes. Une loi organique détermine les conditions d'application du présent article.

## Code pénal : La provocation à des actes de terrorisme

**Article 421-2-5.** Le fait de provoquer directement à des actes de terrorisme ou de faire publiquement l'apologie de ces actes est puni de cinq ans d'emprisonnement et de 75 000 € d'amende.
Les peines sont portées à sept ans d'emprisonnement et à 100 000 € d'amende lorsque les faits ont été commis en utilisant un service de communication au public en ligne.

## Code pénal : La provocation à commettre un génocide non suivie d'effet

**Article 211-2.** La provocation publique et directe, par tous moyens, à commettre un génocide est punie de la réclusion criminelle à perpétuité si cette provocation a été suivie d'effet.
Si la provocation n'a pas été suivie d'effet, les faits sont punis de sept ans d'emprisonnement et de 100 000 € d'amende.

# Annexe 8 : Déclaration des droits de l'homme et du citoyen de 1789

**Préambule.** Les représentants du peuple français, constitués en Assemblée nationale, considérant que l'ignorance, l'oubli ou le mépris des droits de l'homme sont les seules causes des malheurs publics et de la corruption des gouvernements, ont résolu d'exposer, dans une déclaration solennelle, les droits naturels, inaliénables et sacrés de l'homme, afin que cette déclaration, constamment présente à tous les Membres du corps social, leur rappelle sans cesse leurs droits et leurs devoirs ; afin que les actes du pouvoir législatif, et ceux du pouvoir exécutif, pouvant être à chaque instant comparés avec le but de toute institution politique, en soient plus respectés ; afin que les réclamations des citoyens, fondées désormais sur des principes simples et incontestables, tournent toujours au maintien de la Constitution et au bonheur de tous.

En conséquence, l'Assemblée nationale reconnaît et déclare, en présence et sous les auspices de l'Être suprême, les droits suivants de l'homme et du citoyen.

**Article premier.** Les hommes naissent et demeurent libres et égaux en droits. Les distinctions sociales ne peuvent être fondées que sur l'utilité commune.

**Article 2.** Le but de toute association politique est la conservation des droits naturels et imprescriptibles de l'homme. Ces droits sont la liberté, la propriété, la sûreté, et la résistance à l'oppression.

**Article 3.** Le principe de toute souveraineté réside essentiellement dans la nation. Nul corps, nul individu ne peut exercer d'autorité qui n'en émane expressément.

**Article 4.** La liberté consiste à pouvoir faire tout ce qui ne nuit pas à autrui : ainsi, l'exercice des droits naturels de chaque homme n'a de bornes que celles qui assurent aux autres membres de la société la jouissance de ces mêmes droits. Ces bornes ne peuvent être déterminées que par la Loi.

**Article 5.** La loi n'a le droit de défendre que les actions nuisibles à la société. Tout ce qui n'est pas défendu par la loi ne peut être empêché, et nul ne peut être contraint à faire ce qu'elle n'ordonne pas.

**Article 6.** La loi est l'expression de la volonté générale. Tous les citoyens ont droit de concourir personnellement, ou par leurs représentants, à sa formation. Elle doit être la même pour tous, soit qu'elle protège, soit qu'elle punisse. Tous les citoyens étant égaux à ses yeux sont également admissibles à toutes dignités, places et emplois publics, selon leur capacité, et sans autre distinction que celle de leurs vertus et de leurs talents.

**Article 7.** Nul homme ne peut être accusé, arrêté ni détenu que dans les cas déterminés par la loi, et selon les formes qu'elle a prescrites. Ceux qui sollicitent, expédient, exécutent ou font exécuter des ordres arbitraires, doivent être punis ; mais tout citoyen appelé ou saisi en vertu de la loi doit obéir à l'instant : il se rend coupable par la résistance.

**Article 8.** La loi ne doit établir que des peines strictement et évidemment nécessaires, et nul ne peut être puni qu'en vertu d'une loi établie et promulguée antérieurement au délit, et légalement appliquée.

**Article 9.** Tout homme étant présumé innocent jusqu'à ce qu'il ait été déclaré coupable, s'il est jugé indispensable de l'arrêter, toute rigueur qui ne serait pas nécessaire pour s'assurer de sa personne doit être sévèrement réprimée par la loi.

**Article 10.** Nul ne doit être inquiété pour ses opinions, même religieuses, pourvu que leur manifestation ne trouble pas l'ordre public établi par la loi.

**Article 11.** La libre communication des pensées et des opinions est un des droits les plus précieux de l'homme : tout citoyen peut donc parler, écrire, imprimer librement, sauf à répondre à l'abus de cette liberté dans les cas déterminés par la Loi.

**Article 12.** La garantie des droits de l'homme et du citoyen nécessite une force publique : cette force est donc instituée pour l'avantage de tous, et non pour l'utilité particulière de ceux auxquels elle est confiée.

**Article 13.** Pour l'entretien de la force publique, et pour les dépenses d'administration, une contribution commune est indispensable : elle doit être également répartie entre tous les citoyens, en raison de leurs facultés.

**Article 14.** Tous les citoyens ont le droit de constater, par eux-mêmes ou par leurs représentants, la nécessité de la contribution publique, de la consentir librement, d'en suivre l'emploi, et d'en déterminer la quotité, l'assiette, le recouvrement et la durée.

**Article 15.** La société a le droit de demander compte à tout agent public de son administration.

**Article 16.** Toute Société dans laquelle la garantie des droits n'est pas assurée, ni la séparation des pouvoirs déterminée, n'a point de Constitution.

**Article 17.** La propriété étant un droit inviolable et sacré, nul ne peut en être privé, si ce n'est lorsque la nécessité publique, légalement constatée, l'exige évidemment, et sous la condition d'une juste et préalable indemnité.

# BIOGRAPHIE ET BIBLIOGRAPHIE DE FRANTZ GRAVA

Frantz Grava est né à la Guadeloupe, Île française d'Amérique et des Caraïbes. Il est le dernier fils d'une famille de 10 enfants (7 filles et 3 garçons). Son Père Grava Roger, né en Guadeloupe durant la première guerre mondiale, sa mère Ville Catherine, née à la Dominique, (l'île anglaise, d'où les dissidents guadeloupéens partaient en canot rejoindre la Résistance pour aller sauver la France, durant la Seconde guerre mondiale), lui ont gratifié d'une enfance heureuse, et l'ont forgé avec une éducation fondée sur l'Amour, le Travail, la Politesse, le Respect.

Conseiller à l'emploi et en insertion professionnelle, titulaire d'une Maîtrise en Science politique, d'une Licence en aménagement et développement local, il est à l'initiative de plusieurs projets en lien avec le tourisme, la culture, l'animation infantile, l'insertion professionnelle.

Doté d'un sens aigu du droit, le 21 avril 1993, il fait irruption à l'Assemblée Nationale française pour revendiquer le droit des pères et le droit des enfants de maintenir des liens réels avec leurs deux parents.

Le 02 août 2001, acculé à une grève de la faim, à la suite de la machination d'un ex-Maire pour l'évincer de son poste de Directeur-fondateur de l'Office de Tourisme, en raison de ma présentation aux élections départementales, il prend à témoin les Sainte-Rosiens contre un licenciement, reconnu quelques années plus tard, abusif par la Cour d'appel de Basse-Terre.

Le 05 décembre 2008, devant l'indifférence d'un ex-Président de la République pour faire l'Etat français reconnaître crime contre l'humanité, les violences faites aux femmes légalisées par le Code civil français, il fait une nouvelle grève de la faim et mobilise les hommes et les femmes de la Guadeloupe.

Ses combats dans la non-violence contre toute forme d'injustice et pour des causes universelles, ont fait de lui un écrivain engagé à la plume acérée et l'auteur de plusieurs ouvrages : « *Le cri de la Gwadloup à l'Union européenne* », 2004 - « *Adieu, élus sans cœur* », 2005 - « *Naïma, papa t'aime* », 2006 - « *Resistance* », 2007 - « *Notre mère est une femme* », 2009 - « *Le Président de la République* », 2011

# Lean Vegan Work-Out & Diet Plan

## 25+ Healthy Vegan Recipes for Weight Loss, Boundless Energy & a Lean Body

By

# Live Nutritive